COLEÇÃO
Kerygma 14

Livros dos mesmos autores nesta Editora

1. Jesus está vivo, *Emiliano Tardif & José H. Prado Flores*, 20ª ed.
2. Formação de Pregadores, *Salvador Gomes & José H. Prado Flores*, 4ª ed.
3. Formação de Discípulos, *José H. Prado Flores*, 7ª ed.
4. Ide e Evangelizai os Batizados, *José H. Prado Flores*, 12ª ed.
5. Como Evangelizar os Batizados, *José H. Prado Flores*, 12ª ed.
6. Jesus é o Messias, *Emiliano Tardif & José H. Prado Flores*, 4ª ed.
7. Jesus Cristo, médico de minha pessoa, *Tomás Forrest & José H. Prado Flores*, 7ª ed.
8. Formação de Líderes na Renovação Carismática, *José H. Prado Flores*, 5ª ed.
9. Para além do Deserto, *José H. Prado Flores*, 3ª ed.
10. História da Salvação, *José H. Prado Flores*, 5ª ed.
11. A Bíblia não é um livro, é uma pessoa, *José H. Prado Flores*, 4ª ed.
12. José, Esposo e Pai, *José H. Prado Flores*, 3ª ed.
13. Pedro Discípulo e Pastor, *José H. Prado Flores*, 4ª ed.
14. Tesouro escondido, *José H. Prado Flores*, 4ª ed.
15. Testemunhos Sacerdotais, *José H. Prado Flores*, 4ª ed.
16. Os pecadores do Evangelho, *José H. Prado Flores*, 2ª ed.
17. Os esquecidos do Evangelho, *José H. Prado Flores*, 2ª ed.
18. Os cegos do Evangelho, *José H. Prado Flores*, 2ª ed.

JOSÉ H. PRADO FLORES

Tesouro escondido

Edições Loyola

Título Original:
Tesoro escondido
© Publicaciones Kerygma, México, 1991
Manganillo nº 90 Col. Roma
C.P. 06760 México D.F.

Edições Loyola
Rua 1822 nº 347 — Ipiranga
04216-000 São Paulo — SP
Caixa Postal 42.335
04299-970 São Paulo — SP
✆ (011) 6914-1922
FAX: (011) 63-4275

ISBN: 85-15-01465-3

O Reino dos céus
é semelhante
a um tesouro
escondido
em um
campo.

Que um homem ao encontrar de novo o esconde.

E, cheio de contentamento vai, vende tudo quanto tem e compra aquele campo.

Que é o tesouro?

É Vida Nova. Não é algo para tua vida, mas sim, tua vida para algo. Vim para que tenham vida em abundância.

É aquilo de que necessitas:

Amor, alegria, paz, fortaleza, amabilidade, bondade, fidelidade, liberdade: Gl 5,22.

É a resposta de Deus ao mundo.

Viver em justiça, misericórdia, fé e gozo: Mt 23,23.

É especialmente uma pessoa: CRISTO JESUS

Tu o conheces realmente?

Tu o encontraste pessoalmente?

Experimentaste sua salvação?

Sabes do que necessitas para encontrar o Tesouro?

Precisas apenas de duas coisas:

1. O Mapa que te indique onde está o TESOURO.

2. Seguir cuidadosamente AS INSTRUÇÕES. E encontrarás o Tesouro!

O mapa do tesouro:

O mapa autêntico garantido por Deus:

"Passarão o Céu e a Terra, mas minhas palavras não passarão" Mt 24,35

O mapa é grátis. Jesus te presenteou com ele:

"Eu te darei gratuitamente da fonte de água da vida" Ap 21,6

Recebe-o!

É a Bíblia

A Bíblia

Não nos fala de Deus, é Deus falando-nos, revelando-se. Não é um livro. É uma pessoa:

Deus amando e salvando.

É como o coração de Deus que se entrega ao homem para que o conheçamos e experimentemos seu amor.

As instruções

No mapa está o Caminho para Chegar ao Tesouro.

Deves seguir cuidadosamente todos os passos.

Não darás outro passo a menos que tenhas dado bem o anterior.

Não se trata de conhecê-lo, mas de experimentá-lo.

Não se trata de lê-lo, mas de vivê-lo.

Se seguires cada um dos cinco passos, encontrarás o tesouro.

1º passo:

Deus te ama

Deus te ama pessoalmente porque é teu Pai.

Deus te ama incondicionalmente porque é amor.

Deus quer o melhor para ti porque és seu filho.

Por que não paras e te deixas encontrar por Ele?

Por que não deixas que Ele te manifeste todo seu amor?

2º passo:

És pecador

O pecado não te permite experimentar o amor de Deus. "Como todos pecaram, todos estão separados do amor salvífico de Deus" Rm 3,23.

O pecado

— é não crer, não confiar nem depender de Deus;

— Estabelece divisão entre:
Deus e o homem;
Os homens entre si;
O homem consigo mesmo;

— Faz mais mal ao homem do que a Deus:
"Aquele que me ofende faz mal a sua própria alma" Pr 8,36; Jr 7,19.

Por isso se manifestam todas as conseqüências do pecado: guerras, injustiças, solidão, angústia, insegurança,

...e o pior de tudo, a Morte:

"O salário do pecado é a morte" Rm 6,23.

EXTRA-EXTRA-EXTRA
Más notícias!
O homem não se pode salvar por si mesmo
Nenhum homem pode salvar outro homem.
Nada pode solucionar os problemas do mundo
Guerra no Oriente Médio
Sequestro, catástrofe aérea, golpe de estado em Bartox, terremoto em Tor tox.
QUEM NOS PODERÁ SALVAR?

3º passo: Jesus Salvador

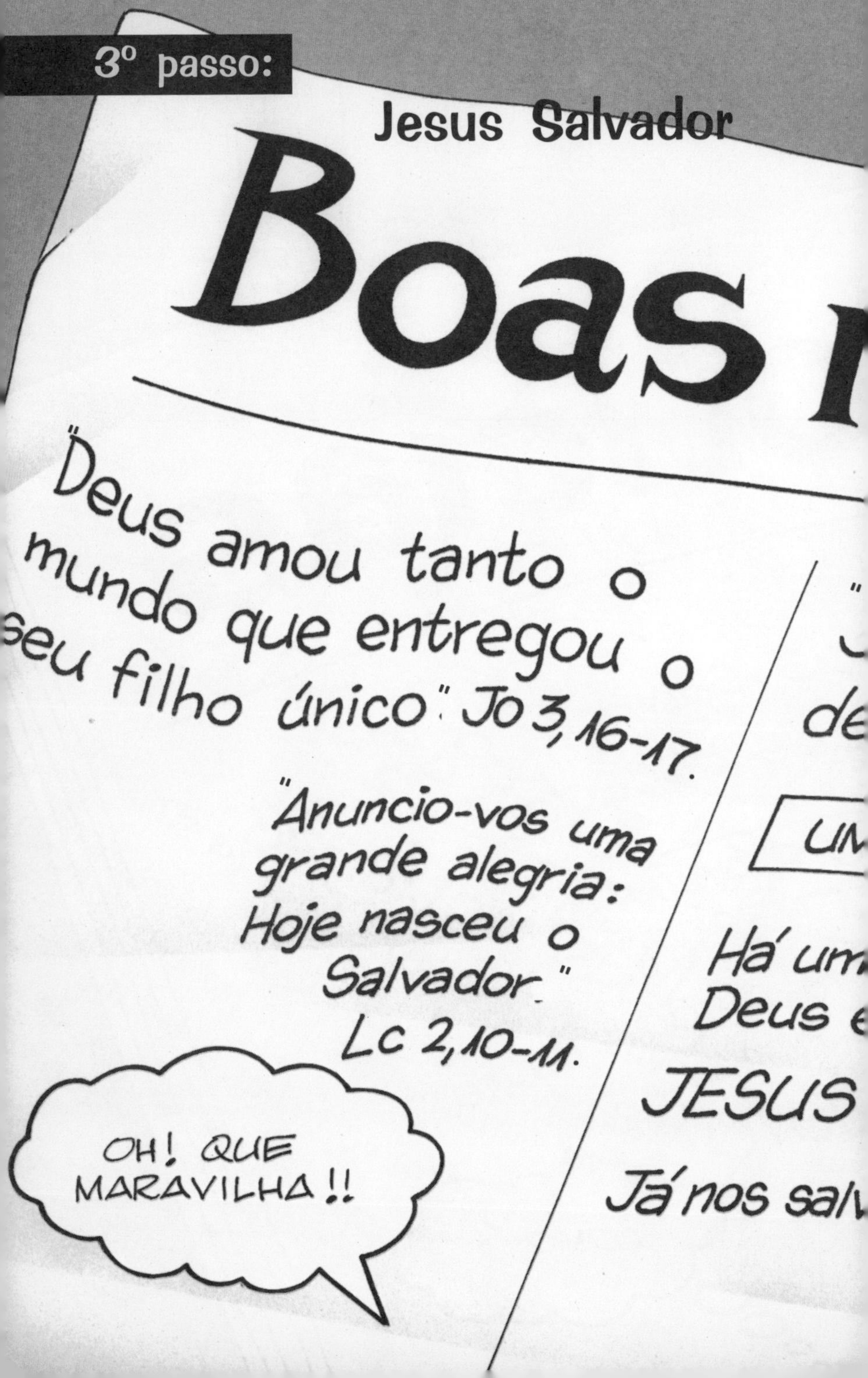

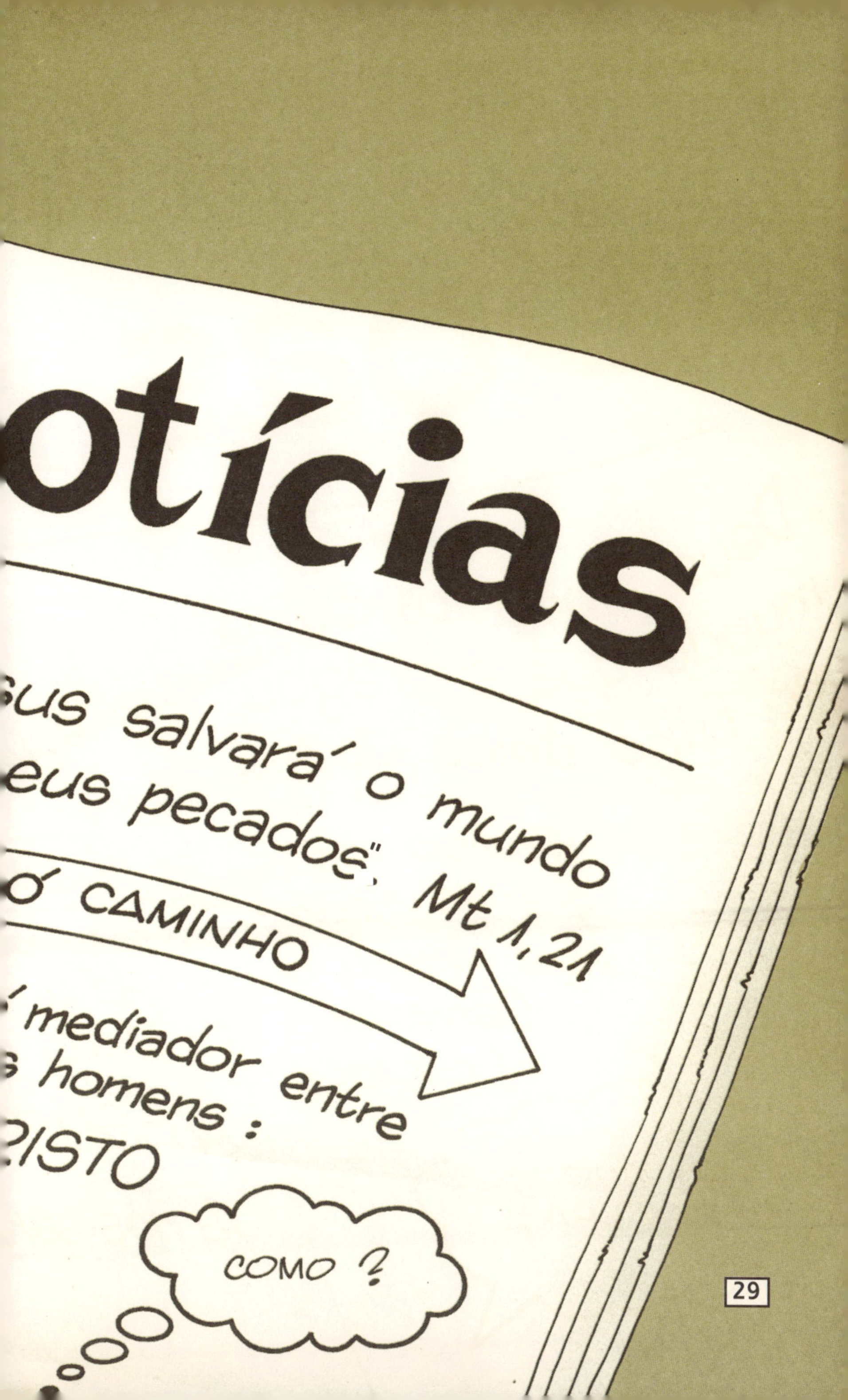
otícias
sus salvará o mundo
eus pecados". Mt 1,21
ó CAMINHO
mediador entre
s homens :
ISTO
COMO ?

Por sua morte e ressurreição

Ao morrer por nosso pecado, morreu nosso pecado;

mas ao ressuscitar, ressuscitou-nos com Ele. Com sua morte e ressurreição uniu o céu e a terra:

— No céu está o Deus-Homem;
— Na terra está o Deus-Homem.

Jesus não te salva.
Jesus já te salvou.

Se queres experimentar, da o outro.

4º passo:

Fé é

Certamente Jesus já te salvou, já te presenteou com o tesouro da nova vida. Agora só falta que o procures através da fé e da conversão para recolher e gozar o tesouro.

A fé é

Confiança total em Jesus Salvador.
Entrega total a Jesus Messias.
Dependência total de Jesus Senhor.

"A salvação se obtém por Jesus Cristo quando cremos nele, e não pela observância da Lei" Gl 2,16.

"Se confessas com tua boca que Jesus é o Senhor e que Deus o ressuscitou dentre os mortos, serás salvo, e todo aquele que invocar o nome do Senhor Jesus se salvará" Rm 10,9-13.

Quem tem fé, vive de acordo com o que crê, portanto vive como salvo.

— "A fé se manifesta no amor" Gl 5,6.

"Aquele que vive em Cristo vive como Cristo" 1Jo 2,16.

— "Quem crê em Cristo, já não peca" 1Jo 3,6.

Aquele que permanece em Cristo dá fruto.

Proclamação de Jesus como Salvador pessoal

Jesus, creio firmemente que és o Filho de Deus, o Messias que veio a este mundo não para condenar-me por meus pecados, mas para salvar-me e dar-me vida nova em abundância. Reconheço que sou grande pecador; porém, ao mesmo tempo, estou certo de que tua misericórdia e teu perdão são maiores que meu pecado. Tu és o Cordeiro de Deus que tiras o pecado do mundo. Creio firmemente que me perdoaste em tua cruz e em tua ressurreição. És meu Salvador pessoal: o único Salvador. Dá-me em abundância a vida que prometeste. Quero ter um encontro pessoal contigo através da fé.

Confio em que me escutaste, pois nunca enganas a quem crê e confia plenamente em ti. Amém.

Conversão

"A Conversão é a transformação ou mudança de uma coisa em outra: Mudar nossa vida pela vida de Jesus.

Para isso:

Arrepende-te dos teus pecados e pede perdão ao Senhor; Ele te ama e te perdoa sempre: confessa teus pecados, que poderoso é o Senhor para perdoá-los" 1Jo 1,19.

Entrega tua vida, tal como ela se encontra agora, a Jesus.

Ele é o Divino Lixeiro que destrói nossa imundície e pecado, lançando-os ao mar.

Introduz Jesus em teu coração. Ele está chamando e quer entrar:

"Olha, estou à porta e bato".

"Se alguém ouve minha voz e abre a porta, cearei com ele, e ele comigo" Ap 3,20.

Ora a Jesus, proclama-o teu "Senhor".

Usa a Nova Vida que Deus te deu. Vive como salvo. No mundo, mas sem ser do mundo.

Proclamação de Jesus como "Senhor"

Jesus, eu creio que em tua ressurreição Deus te glorificou e te encheu do Espírito Santo. Tens um nome que está acima de todo nome. Por isso dobro meus joelhos (ajoelha-te) diante de ti como sinal de que te reconheço como meu Senhor, o dono de toda a minha vida, e hoje rendo-me totalmente a ti e à tua divina vontade para que faças de mim o que quiseres.

Entrego-te toda a minha vida, com todos os meus pecados e imundícies. Tu és o Divino Lixeiro que os destróis com teu precioso sangue, já não quero viver eu. Senhor, vive agora tu em mim. Dá-me tua vida em troca da minha, que hoje te entrego.

Abro-te completamente as portas do meu coração. Entra em mim e permanece comigo para sempre.

Data ______________ Assinatura ______________________

5º passo:

O dom do Espírito

Jesus nos enche de seu Espírito Santo:
"Ele os batizará no Espírito Santo e no fogo" Lc 3,16.
Basta reconhecer que necessitamos dele.

"Se alguém tem sede venha a mim, e beba o que crê em mim" Jo 7,37.

Não custa nada.

"Aquele que quiser receberá gratuitamente água da vida" Ap 22,17.

É para todos:

"Porque a promessa é para vós outros e para vossos filhos, para todos que estão longe" At 2,39.

Se tens sede e crês em Jesus
como Salvador e Senhor,
pede a Deus uma nova efusão do seu Espírito.

Pai: Tu nos prometeste a efusão do Espírito Santo. Sabemos que és fiel e sempre cumpres tudo o que prometeste. Peço-te que hoje cumpras tua promessa em mim e me enchas de teu Santo Espírito.

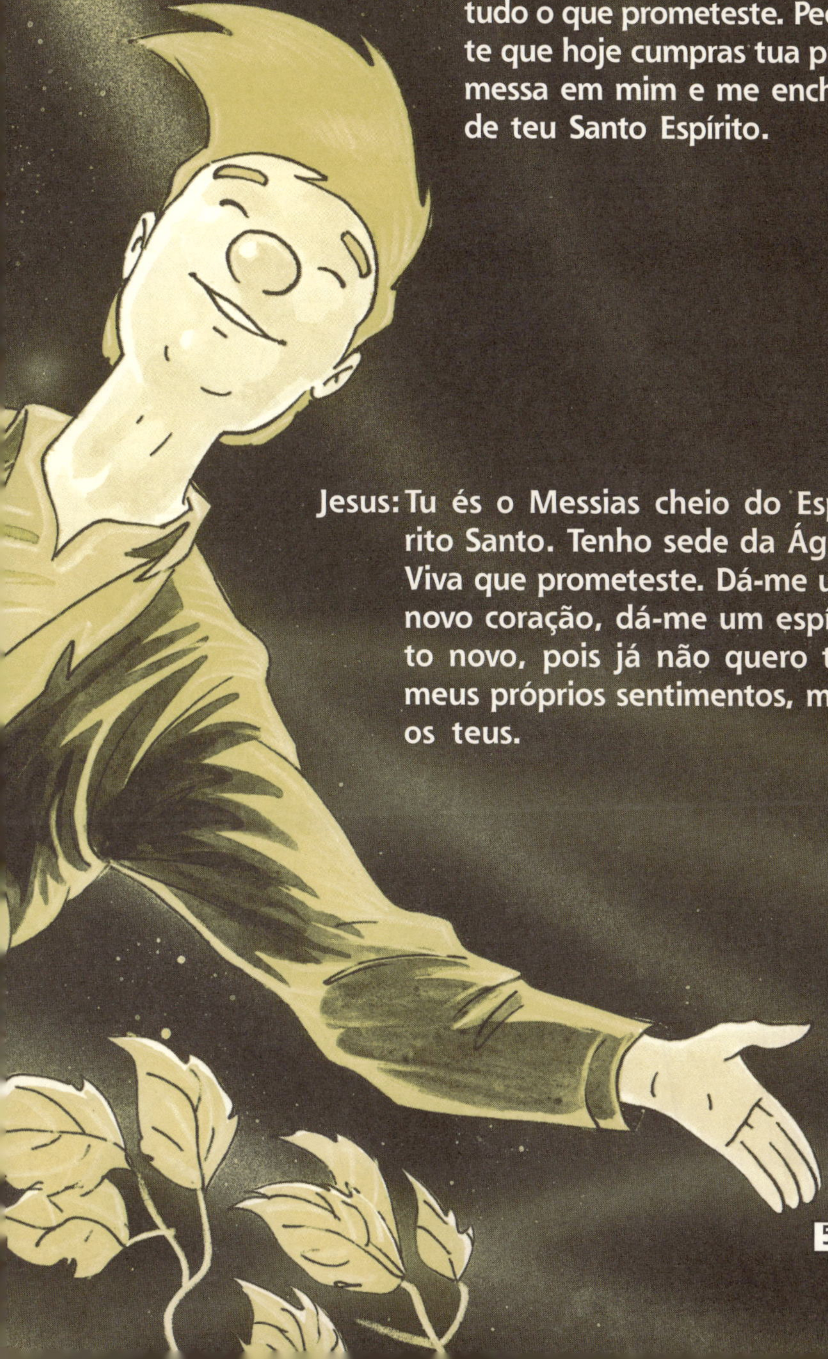

Jesus: Tu és o Messias cheio do Espírito Santo. Tenho sede da Água Viva que prometeste. Dá-me um novo coração, dá-me um espírito novo, pois já não quero ter meus próprios sentimentos, mas os teus.

Espírito: Em nome de Jesus, vem a mim, dirige-me, ensina-me e faz-me conhecer e amar ao Pai e ao Filho. Transforma-me em Jesus para amar a meus irmãos como Ele os amou.

O tesouro

Não está em tuas mãos.

Está em teu coração.

Um coração novo.

Um coração cheio do Espírito Santo

Um coração como o de Jesus:

— Que ama a Deus.

— Que ama a todos os homens,

— Que entrega sua vida para instaurar um Reino de justiça, paz e gozo no Espírito Santo.

Quem já encontrou o tesouro

Vive com gozo no Espírito.
Busca o Reino de Deus e sua justiça.

Partilha sua felicidade com os outros.

COLEÇÃO Kerygma

Cód. 4095

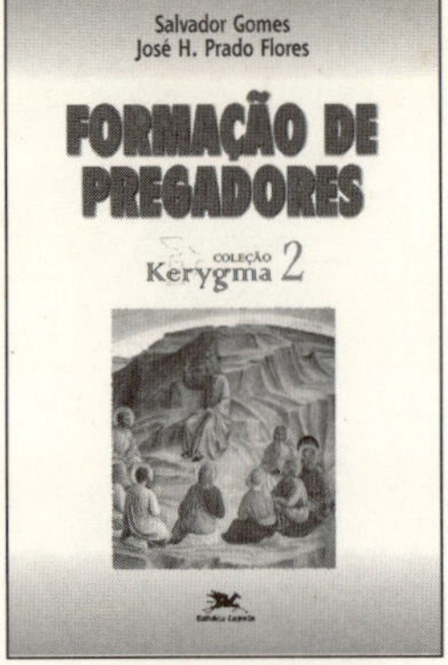

Cód. 3281

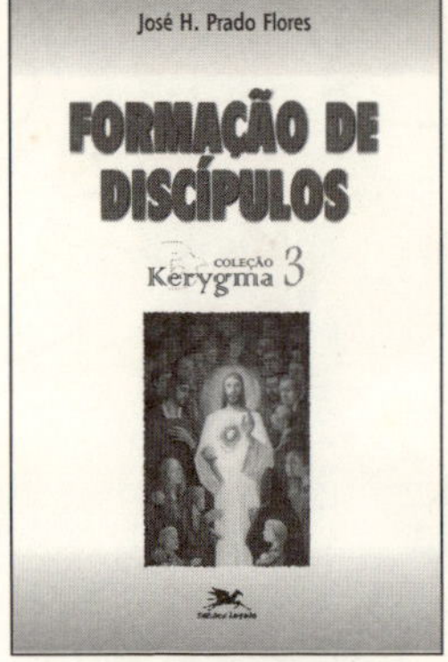

Cód. 3823

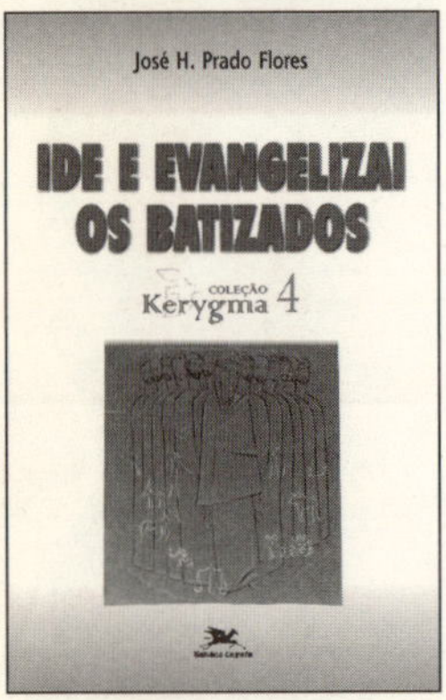

Cód. 1736

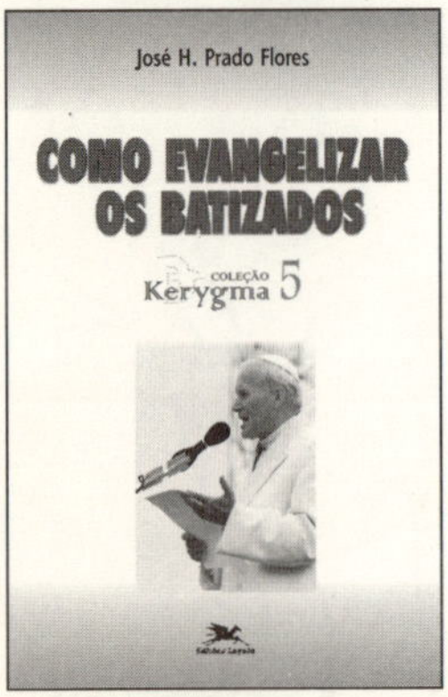

Cód. 3909

Cód. 3112

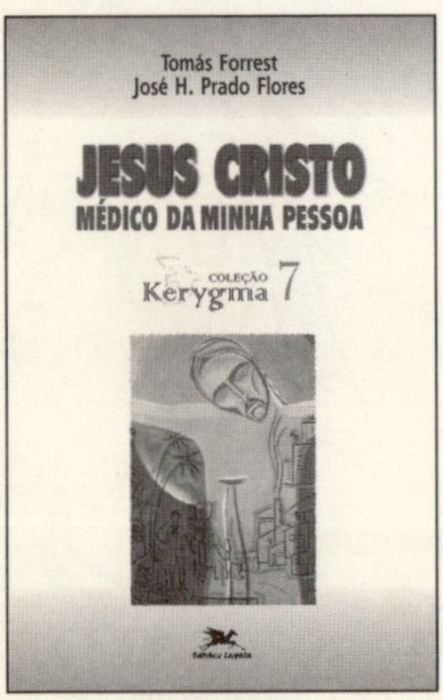

Cód. 4089

Cód. 1805

Cód. 3978

Edições Loyola
RUA 1822, 347
IPIRANGA
SÃO PAULO SP
IMPRESSÃO